LE

GÉNÉRAL BOSAK-HAUKÉ

AVANT-PROPOS

La vie du général Bosak (comte de Hauké) est celle d'un *preux* que la bravoure et la loyauté ont immortalisé.

Nous avons réuni, dans cette biographie, les principaux faits de cette vie chevaleresque.

La destinée du comte de Hauké a été plus ou moins heureuse. Avant de se rendre en France, sous les ordres de Garibaldi, il avait servi dans l'armée régulière russe, où il s'était acquis la réputation d'un officier sans peur et sans reproche. C'est à la veille d'être nommé général (à vingt-six ans il était colonel) qu'il prit la décision de sacrifier sa brillante carrière, ses hautes relations, pour n'écouter que ses sentiments patriotiques, qui l'appelaient à prendre part à l'insurrection polonaise.

En 1870, on connaît l'offre généreuse qu'il fit de son épée pour servir la France. On verra plus loin l'ardeur qu'il mit à défendre la sainte cause de notre patrie et la ténacité avec laquelle il a poursuivi la lutte pour faire triompher nos armes.

La France lui doit sa reconnaissance !

LE

GÉNÉRAL BOSAK-HAUKÉ

I

LE COMTE DE HAUKÉ

SA NAISSANCE. — SES PREMIÈRES ARMES. — SES GRADES. — SON DÉVOUEMENT POUR LA POLOGNE.

Le comte Joseph de Hauké, plus connu sous le nom de général Bosak, naquit à Varsovie (Pologne), le 12 mars 1834 (1). Dès son enfance, il fut par les ordres de l'Empereur Nicolas Ier, transporté à Saint-

(1) Ses armes sont : « *Coupé d'azur sur or, au lion de l'un et l'autre, tenant de ses pattes un croc d'or, posé en pal, brochant sur le coupé. Ecu timbré d'une couronne de comte, surmonté d'un lion issant d'or, tenant le croc.* »

Pétersbourg avec son frère Alexandre et sa sœur (actuellement princesse de San Cataldo) pour y recevoir une éducation toute moscovite, et échapper aux influences encore vivaces du dernier soulèvement de la Pologne. La haute position de son père, général au service de la Russie (1) et de son oncle le comte Maurice de Hauké, ministre de la Guerre du Royaume de Pologne (1830) lui assurait un brillant avenir.

Placé avec son frère à l'Institution moscovite de *Czarkoé-Sélo,* où le Czar venait fréquemment les visiter pour les attacher et les convertir à sa cause, ils ne purent revoir leur mère et sécher ses larmes qu'à l'âge de dix ans, grâce aux instances du Roi Guillaume de Prusse, qui obtint pour eux ce droit. Joseph entrait alors à l'*Ecole des Pages*, passait ensuite dans le *Corps des Cadets* et était nommé, à dix-sept ans, sous-lieutenant dans un régiment de Hussards de la Garde. Peu après, officier d'ordonnance de l'Empereur, il remplissait en cette qualité une mission militaire à Paris, et devenait aide

---

(1) Mort en 1835, un an après la naissance de Joseph *(Bosak).*

de camp du ministre de la Guerre à Varsovie, sa ville natale, qu'il revoyait pour la première fois depuis sa naissance. En quelques mois, il apprit la langue et la terrible histoire de son pays. Sentant de suite sa fausse position et pénétré d'un sentiment de justice, l'élève du Czar devint Polonais.

Il quitta, vers 1859, sur sa demande, la cour et la capitale pour l'armée du Caucase, où il fut appelé à commander un régiment. Ni l'avenir brillant qu'on lui préparait, ni les faveurs du Czar, ni ses liens de parenté avec la Czarine (dont le frère, prince de Darmstadt, épousa sa cousine) en un mot, aucune de ces tentations que l'ambition, la vanité et l'égoïsme eussent acceptées, rien ne le détourna de l'idée d'essayer à contribuer un jour au rétablissement de la Pologne, sa Patrie.

C'est à l'armée du Caucase qu'apparaissent déjà en lui les deux qualités qui devaient distinguer sa vie. Sa bravoure était admirée de tous, et les soins dont il entourait son régiment lui conciliaient tous ses soldats. Sa témérité sans exemple lui valut le surnom de *Lion du Caucase ;* à vingt-six ans, il était colonel. On le nomma au commandement temporaire d'une brigade, distinction sans précédent à cet âge. Les honneurs lui furent prodigués et, outre de nombreuses décorations, un sabre d'honneur lui fut offert par le grand-duc Michel, avec cette inscription : « *A la Bravoure.* »

Ainsi, il s'acquittait avec la Russie, de l'éducation qu'il avait reçue et c'est au sein de cette atmosphère d'estime et de prospérité que venaient le surprendre les préludes du soulèvement de 1863. Dès lors, il ne devait plus penser qu'à sa Patrie.

Après trente ans de silence et de deuil, poussée à bout par un dernier affront, la nation martyre entr'ouvrait de nouveau le cercueil où elle gît vivante. Dans les cités et dans les villages, dans les temples et sur les places publiques, retentissait ce cri : « Aux Armes, pour la Patrie et la Liberté ! » Et, partout à cette voix, se formaient les bataillons qui se nommèrent eux-mêmes : *Les Légions du désespoir*.

Aux premiers échos de ces préparatifs, le comte de Hauké sentit retentir dans son cœur la voix du patriotisme et du dévouement. Il n'hésite pas et salue l'insurrection par un double acte aussi chevaleresque que caractéristique. Il présente au

Czar sa démission ainsi motivée : « Ma Patrie, la Pologne, a besoin de moi et je présente ma démission, convaincu que Votre Majesté l'acceptera, ne fût-ce que pour m'épargner la nécessité de déserter en cas de refus. »

Et, en même temps, il offre ses services au Gouvernement national Polonais.

Ces deux décisions étaient compliquées d'une situation extraordinaire qui le séparait d'un parent, sa cousine germaine mariée au frère de la Czarine, comme on l'a vu plus haut. Ni l'opposition de sa famille, ni les joies d'une union récente ne devaient le retenir. Il venait d'épouser *(21 Janvier 1867)*, en Podolie, une jeune Polonaise, Marie Kaczanowka, qu'il avait connue à Saint-Pétersbourg, femme supérieure dont le patriotisme et la grandeur d'âme allaient encore fortifier la bravoure de celui qu'elle aimait.

Et, malgré une lettre du Prince Michel le conjurant de retourner à son poste, il partit pour la Pologne, après avoir assuré, en Suisse, une résidence à sa courageuse compagne.

Alors, laissant dans l'ombre son nom de famille, il prit le pseudonyme de *Bosak*, dont la signification polonaise correspond à l'instrument que l'on appelle échenilloir.

Nommé au commandement général des forces insurrectionnelles dans les provinces de Cracovie et de Soudomirée, il n'abandonna la lutte et ne repassa la frontière qu'après dix-huit mois d'efforts presque surhumains; dix-huit mois dans les forêts, dans la neige ou la boue, avec des combats sans nombre. Il n'abandonna le sol maternel que le dernier de tous les combattants, après avoir laissé les traces ineffaçables de sa bravoure, de son dévouement, et un nom devenu l'idole de tous les foyers, le drapeau de tous les patriotes!

Après un court repos en Italie, le général Polonais vint avec sa famille demander un asile à la nation, refuge des proscrits. Il trouva une amicale hospitalité près de Zurich, sur les bords de ce lac charmant. Une douce surprise l'y attendait à son arrivée; trois cents Polonais précédés du Drapeau national s'étaient portés à sa rencontre pour lui montrer que s'il n'avait pas compté les sacrifices faits à la Patrie, celle-ci, représentée par eux, ne lui mesurait pas non plus l'admiration et la reconnaissance.

C'est encore là que le Czar fit de nouvelles démarches de réconciliation. Les souvenirs qu'il avait laissés à Saint-Pétersbourg et les qualités déployées dans la dernière guerre ne permettaient pas de se résigner facilement à le perdre. On mit tout en œuvre pour le gagner, mais rien ne put entamer sa fidélité au malheur. Après avoir quitté le chemin de la faveur, *Bosak* n'y voulait plus rentrer.

Il se consacra dès lors aux luttes clandestines, à la progagande et au violent désir de sauver à n'importe quel prix, sa chère Pologne afin d'y voir un jour établie à jamais, la République (1).

La guerre franco-allemande lui arracha un moment cette pensée fiévreuse.

---

(1) Voir : *Biographies Européennes de Calemard ; oraison funèbre prononcée à Zurich par le dominicain d'Arcueil, Père Regnier ; Lettre de M. Jaworowski.*

II

BOSAK EN FRANCE

LES OFFICIERS ÉTRANGERS. — BOSAK EST NOMMÉ GÉNÉRAL DE BRIGADE DE L'ARMÉE AUXILIAIRE. — EFFECTIF DE SES TROUPES. — ENGAGEMENTS ET COMBATS.

Bosak avait offert son épée à la France, comme Garibaldi s'était présenté pour la secourir (1). Des sujets de toutes les nations demandaient au Gouvernement de la *Défense nationale* à combattre dans nos armées.

La question des sujets étrangers était délicate et embarrassante. La valeur et les titres n'étaient point en jeu, mais l'admission des officiers étrangers devait donner prise à une vive critique dans notre armée désorganisée. Question des plus

(1) Le gouvernement italien s'est opposé tant qu'il a pu à l'arrivée de Garibaldi en France. (Voir *Garibaldi et l'Armée des Vosges*, par le général Bordone, page 17.)

brûlantes où le bon sens et le mauvais se côtoyaient.

La situation d'alors se résumait par les paroles mêmes de Gambetta : « Jamais, je ne donnerai une armée au général Garibaldi, jamais je ne mettrai un *général français* sous ses ordres (1).

C'était paraphraser un sentiment national que nos lois ont traduit en interdisant à un officier étranger le commandement d'un corps d'armée, d'une place forte, etc.

Toutefois, il est bon de rappeler que jusqu'en 1830, les étrangers figurèrent dans les rangs de l'armée française. Sous la première République, la Législature avait fait appel aux peuples étrangers pour défendre la Liberté et la France. Pendant les campagnes de 1792 à 1799, nos armées ont compté dans leurs rangs des bataillons belges, liégeois, bataves, germaniques, des légions italiennes, des Suisses, des Polonais, etc. (Vers la fin de 1797, les légions polonaises formaient un effectif de 7,146 hommes.)

Dans la séance du 16 février 1792, le mi-

(1) Voir *Garibaldi et l'Armée des Vosges*, par le général Bordone, page 244.

nistre des affaires étrangères, Lebrun, informait la Convention qu'un grand nombre d'officiers étrangers demandaient à prendre du service dans l'armée française ; cette lettre fut renvoyée au comité militaire qui décida que ces officiers seraient admis avec un grade correspondant à celui qu'ils possédaient dans l'armée à laquelle ils appartenaient.

Afin de ne pas nous étendre trop longuement sur ce point, nous nous bornerons à rappeler les services rendus par les exilés polonais qui, accueillis en frères, ont parcouru avec nous les champs de bataille de la République et de l'Empire.

Napoléon, en 1807, leva lui-même, à Varsovie, un *pulk* de cavalerie polonaise qui forma le 1er régiment des Lanciers de la Garde sous le commandement du colonel Krasinski.

On sait que le 5e corps de notre armée, pendant la campagne de 1812-1813, était aux ordres du prince Poniatowski et comprenait trois divisions polonaises commandées par les généraux Zayonricheck, Dombrowski et Kaminiecki. L'héroïque Poniatowski fut nommé *maréchal de France* sur le champ de bataille de Leipzick.

Par la création d'une LÉGION ÉTRANGÈRE

(10 mars 1831), la nouvelle organisation militaire de 1830 a supprimé les sujets étrangers dans l'armée.

Mais, en 1870, la Patrie en danger et notre situation malheureuse, créée par le démembrement total de nos armées, après des capitulations honteuses, forcèrent la Délégation nationale à accueillir dans nos rangs tous les braves qui avaient à cœur de contribuer à refouler l'ennemi du sol envahi.

M. Dussieux, professeur honoraire à l'Ecole spéciale de Saint-Cyr, dit, à ce sujet, dans son remarquable travail, *L'Armée en France :* « Trouver du jour au lendemain « le personnel d'officiers nécessaire au « commandement de 5 à 600,000 hommes « était l'œuvre la plus difficile de toutes. « La Délégation accepta tous les combat- « tants qui se présentèrent : Charette, « Cathelineau, Bourbaki, les zouaves pon- « tificaux, les Vendéens, les officiers des « armées impériales échappés de Metz et « de Sedan, sans s'inquiéter de leurs opi- « nions, mettant la France au-dessus de « toute autre considération. C'est pour « cette conduite que la Délégation mérite « qu'on ait dit d'elle qu'elle a sauvé l'hon- « neur et assuré l'avenir, en montrant

« aux Prussiens ce que pouvait la France, « même sans armée, sans armes et sans « gouvernement. »

Un décret du 13 octobre 1870 nommait Garibaldi général en chef de l'armée des Vosges. D'autres officiers étrangers étaient nommés en même temps.

Cette situation fut acceptée par quelques officiers de nomination récente, comme le général Cremer, mais elle excita un vif mécontentement chez d'anciens chefs (comme le général Cambriels), qui offrirent même leur démission et que Gambetta eut beaucoup de peine à ramener à des sentiments plus conciliants.

Dès lors, un grand nombre d'officiers étrangers entrèrent, au titre auxiliaire, dans nos armées. Bosak fut du nombre.

Le 17 octobre, le général polonais (l'ancien colonel de la Garde impériale russe) arrivait à Besançon et se présentait à Garibaldi. Le 19, il se trouvait au matin à la Préfecture du Doubs avec Gambetta, et, ce même jour, le commandement de la 1re brigade de l'armée des Vosges lui fut confié (1).

(1) Il n'existe, au ministère de la Guerre, aucune trace du décret de la délégation du

Le 20 octobre, la 1re brigade fut ainsi composée :

1er bataillon des mobiles des Alpes-Maritimes,	750 hommes
Francs-tireurs de l'Egalité, de Marseille,	400 —
Volontaires du Rhône,	230 —
Eclaireurs du Rhône,	180 —

Bosak fixa le dépôt de ce petit noyau de seize cents hommes, à Dole, et détacha des compagnies à Ougney et Marney, pour surveiller l'ennemi qui était signalé. Sa tactique, faute d'artillerie, était de tenir partout des embuscades pour ralentir la marche des Prussiens, par un semblant de résistance.

Les troupes de Bosak et de Menotti (l'armée des Vosges se composait de quatre brigades) eurent des engagements heureux le jour même, sur toute la ligne et, dans la soirée du 21, leurs premiers

---

Gouvernement de la Défense nationale, à Tours, conférant le grade de général de brigade à M. le comte Hauké (Joseph), dit Bosak. Il résulte, toutefois, des documents relatifs à l'armée des Vosges, que M. Bosak-Hauké (Joseph) est entré en fonctions le 20 octobre 1870, comme général de brigade au titre de l'armée auxiliaire. (*Lettre du ministre de la Guerre, de Freycinet.*)

prisonniers prussiens arrivaient à Dole.

Le 25, les Allemands ayant opéré un mouvement sérieux simultanément par la route de Gray à Besançon et par la route de Pesme à Verzal, au nombre de 4,000, Bosak chercha à soutenir l'attaque afin de veiller à ce que l'ennemi n'enveloppât la Forêt de Serre. Mais les Prussiens en trop grand nombre refoulèrent et dispersèrent ses troupes dans les villages à gauche de Moissey où était son quartier général. Cependant le 27, il arrivait à maintenir ses cantonnements et obligeait l'ennemi a se concentrer sur Bomboillon.

Le pont de Pontailler qu'avait fait sauter le colonel Lavalle, des mobilisés de la Côte-d'Or, empêcha sa marche sur le flanc gauche et sur les derrières de l'ennemi. Les Prussiens marchèrent directement sur Dijon, dont on connaît l'héroïque défense (30 octobre).

Cette occupation de Dijon obligea l'armée des Vosges à modifier ses positions. La 1re brigade commandée par le général Bosak se porta aux environs d'Auxonne pour couvrir cette place forte. La légion Bretonne commandée par M. Damalain, ancien officier de marine, vint renforcer a brigade.

Mais de nouvelles dispositions et des marches de colonnes allemandes signalées sur divers points, entraînèrent le déplacement de l'armée des Vosges pour organiser une défense plus sérieuse dans les défilés du Morvan.

Le général Bosak utilisa d'une façon remarquable ses compagnies franches dans les terrains accidentés, essentiellement propres à une guerre de partisans. Garibaldi avait installé son quartier général à Autun et la ville fut mise aussitôt en état de défense. Ces travaux rendirent de grands services lors de l'attaque d'Autun (1er décembre).

Les brigades Bosak et Menotti occupèrent Arnay-le-Duc, Sombernon, Drousson, Epinac, Nolay, Bligny et Pont-d'Ouche, tandis que Ricciotti et sa brigade tenaient en éveil l'ennemi en parcourant la contrée entre Château-Chinon, Liernais, Montbard, Semur et Saulieu. Le but de Garibaldi était de préparer contre Dijon une marche offensive.

Après plusieurs engagements favorables sur divers points, le coup de main sur Dijon commença le 21 novembre.

III

LA MARCHE SUR DIJON. — L'ENGAGEMENT DE LA 1re BRIGADE A VELARS. — LE PAS D'ARMES DU GÉNÉRAL BOSAK. — RETRAITE SUR AUTUN.

Werder, qui occupait Dijon, voyait chaque jour le cercle des bayonnettes françaises se resserrer et le menacer de toute part.

Le 24 novembre, les derniers préparatifs de l'armée des Vosges étaient faits pour tenter un coup hardi sur Dijon. Les colonnes se concentraient à Pont-de Pany, distant de treize kilomètres de l'ancienne capitale bourguignonne. Le village qu'on occupait ainsi avait, au point de vue stratégique, une certaine importance, car il présentait de grandes facilités pour une défense, tout en assurant une retraite facile.

A Pont-de-Pany, la route franchit la rivière d'Ouche et le canal de Bourgogne pour longer ensuite une belle et pittoresque vallée côtoyée sur son flanc gauche par le chemin de fer de Paris à Dijon dont la voie est reliée par de remarquables travaux d'art.

La mission la plus délicate avait été confiée au général Bosak pour opérer la marche de nuit sur Dijon, où sa brigade devait attaquer le faubourg d'Ouche en arrivant par Plombières (1).

Or, tandis que Bosak et ses troupes restaient cantonnées à Pont-de-Pany, les 2e et 3e brigades marchaient sur Mâlain pour faire jonction, vers la voie ferrée, à la brigade Menotti qui la longeait.

Ces mouvements inquiétaient l'ennemi qui ne se rendait pas encore bien compte de ce qui se passait. Mis en éveil par des interruptions de communications qui arrêtaient sur certains points le ravitaillement de l'armée allemande qui occupait Dijon, le 4e régiment d'infanterie badoise qui était rentré dans cette ville la veille, après avoir essuyé un engagement à Clémencey, repartait ce même jour, vers quatre heures du soir, dans la direction de Plombières.

Or, ce soir-là, 24, Bosak prenait en même temps ses dernières précautions

---

(1) La brigade Menotti devait attaquer en même temps la gare de Dijon, et la jonction des deux brigades devait se faire place Darcy.

pour gagner de nuit Velars, lorsque quelques hommes, qu'il avait envoyés en avant, apprirent, après avoir dépassé *La Cude*, que l'ennemi venait d'arriver à Plombières avec de l'artillerie. Cette nouvelle l'obligea à différer sa marche sur Velars et il attendit au lendemain matin 25, pour opérer un mouvement en avant de ce village afin de provoquer un engagement.

Bosak et sa brigade franchirent ainsi, dès le matin, la vallée en s'y maintenant du côté de la voie ferrée. Après avoir gagné le magnifique viaduc de la Combe-de-Fain, aux deux rangées d'arcades d'une longueur de deux cent vingt mètres, il dispersa une forte avant-garde sur les coteaux qui longent la voie au-dessus de Velars ; des compagnies suivaient les collines en passant sur le viaduc de la Combe-Bouchard qui précède le tunnel avant de gagner la gare, tandis que d'autres détachements traversaient le pays pour se porter en avant de la Verrerie (1) avec le général.

---

(1) L'établissement de la Verrerie n'existe plus actuellement, mais ses vastes bâtiments servent à l'importante usine hydraulique et à vapeur de MM. Prat.

Velars fut franchi sans encombre. Bosak fit un moment arrêter ses hommes, et, prenant le chemin de la gare, se maintint sur ce point, d'où la vue s'étend jusqu'à Plombières, grâce au coude que forme la vallée, vers Neuvon. Appréciant toute l'importance de cette position, il donna ordre de fouiller les bois jusqu'au viaduc, au bas duquel aboutit la route de Pasques, qui serpente dans une belle combe boisée, entre les fermes du Failly et de Contard.

Dans la vallée et en avant de l'usine, des compagnies se dispersaient en tirailleurs pour la défense du passage de la Verrerie, tandis qu'en avant du viaduc de la combe Mattoy, l'on voyait se dessiner les costumes variés de nos francs-tireurs s'éparpillant sur le coteau et les crêtes de Prielle où longe le sentier dit chemin de Lantenay.

Tout à coup, les Eclaireurs de Gray et des hommes de la Légion Espagnole font feu sur l'ennemi, qu'ils aperçoivent. Il était dix heures ; la brigade Bosak se trouvait en présence du 2e bataillon du 4e régiment d'infanterie badoise, appuyé par une demi-batterie de campagne. L'infanterie ennemie franchit aussitôt la vallée de Neuvon et le viaduc, tandis que l'artillerie restait en arrière de Neuvon, sur la butte. Une vive fusillade, appuyée des boulets ennemis, oblige, après une heure de lutte, les Garibaldiens à se replier sur la gare de Velars (1). Un instant le feu cesse, et Bosak, voyant l'artillerie ennemie abandonner une position dont le feu meurtrier balayait la voie, descend le chemin de la

(1) L'action a eu lieu en avant de la gare de la Verrerie, sur le coteau et la voie ferrée, jusqu'au viaduc de Neuvon. Une partie des hommes de la brigade du général Bosak était dispersée entre la rivière et la voie ferrée. Les autres parties, sur le coteau et le chemin de fer. Nous occupions ces positions lorsque est arrivé par la route de Pasques un régiment d'infanterie allemande qui prit position près du viaduc et les murs du château de Neuvon, ainsi qu'une batterie d'artillerie qui arrivait de Plombières et se plaça en arrière du viaduc, ouvrit son feu sur la gare et la voie ferrée pendant au moins une heure. C'est dans cet engagement que j'ai été blessé, ainsi que les francs-tireurs de ma compagnie Duchatelet, Fabry, et Clave, qui fut tué sur-le-champ. La résistance étant impossible à ce moment, la brigade fut obligée de battre en retraite sur Corcelles-les-Monts. (Rapport Lambert, lieutenant commandant les Eclaireurs.)

gare et gagne le chemin vicinal qui borde, en serpentant, le coteau, afin de se rendre compte par lui-même de la situation. Bosak poussait son cheval assez vivement, car la fusillade reprenait. Arrivé à l'une des courbes de la route, au lieudit chemin de Priel (sentier qui descend dans les prés), il se trouva brusquement face à face avec un cavalier allemand lancé, comme lui, au galop. Surpris de ce tête-à-tête subit, Bosak lâcha son revolver en faisant rapidement demi-tour.

Ce *pas d'armes* n'est point un acte de témérité comme quelques-uns ont voulu le dire. Le général n'a pas marché droit sur un cavalier ennemi, en pleine action, car c'était s'exposer à ce que cent fusils l'arrêtent dans sa course, et sa démonstration n'eût eu aucune signification. Bien au contraire, Bosak qui ne craignait jamais de payer de sa personne et d'être le premier partout, a pu se trouver par les circonstances de la lutte dans une passe où il fallait agir. C'était au plus prompt à se montrer, et ce fait d'armes ne peut que prouver sa valeur et son courage.

Le cavalier allemand qui s'était avancé ainsi sur la route ne fut point atteint par

Bosak. C'était un lieutenant d'artillerie qui accourait précédant sa batterie qui allait prendre position, suivant ses indications.

A trente pas en arrière de cet officier, la demi-batterie, en effet, accourait sur la route pour se placer devant le parc du château de Neuvon, précisément au sentier de Priel, où, du reste, les pièces s'établirent.

Le coup de feu de Bosak n'avait point échappé à quelques ennemis, car plusieurs balles lui sifflèrent aux oreilles dans sa fuite Son revolver était parti en même temps qu'il faisait volte-face et des témoins ont affirmé qu'on aurait cru que son cheval volait, tellement il regagna promptement la gare. Une fois là, l'intrépide général, tout impressionné de son acte, voulant se rendre compte de ce qu'il venait de faire, sans songer au nouveau danger qu'il allait courir, s'avança le long de la voie, abritée en cet endroit par un mur en maçonnerie, jusqu'au point qui dominait le lieu de sa funeste rencontre. Il ne vit que les artilleurs mettre le feu aux pièces. Rentrant alors vivement à la gare et voyant les boulets frapper les bâtiments du quai des marchandises (1), il ne jugea plus la lutte possible, à cinq cents mètres du canon. Il ordonna la retraite, en maintenant des tirailleurs pendant que le gros de sa brigade se repliait sur Velars. Vers deux heures, la retraite était assurée par le chemin de Corcelles-les-Monts, après avoir franchi *La Cude* et essuyé sur les friches de Corcelles un nouveau feu de l'artillerie allemande, qui s'était postée en face sur le monticule de la gare de Velars (2).

(1) On voit encore sur ce bâtiment des pierres d'angles pulvérisées et brisées par les boulets.

(2) Le 25 novembre, les avant-postes placés sur la montagne de Plombières sentaient déjà qu'ils avaient en face d'eux des détachements plus forts et mieux organisés. Pendant toute la journée eurent lieu des engagements d'avant-postes près de Velars et sur les hauteurs de Lantenay. Le 2e bataillon du 4e régiment fut surtout engagé et eut, dans cette journée, un officier (le lieutenant Wagenmann) et sept hommes blessés. Pour s'assurer si, derrière ce rideau d'éclaireurs, il n'y avait pas en marche des masses plus considérables, on ordonna une forte reconnaissance sur les montagnes dans la direction de Val-Suzon et de Pasques. (Dr Marchand, *Extrait de la Gazette de Carlsruhe*, pages 111-112.)

Deux détachements de la 1re compagnie de

L'attaque de Velars obligea Garibaldi à tourner avec le gros de la colonne sur Lantenay. C'est là que, dans la nuit du 25 au 26, Cremer, après avoir eu une entre-

---

ce régiment occupaient un fossé qui entourait un corps de bâtiments, sorte de château. Wagenmann faisant partie d'un de ces détachements sous les ordres du lieutenant Kunchel, occupait à droite, vers un remblai assez élevé, une maison de garde du chemin de fer. Cette position avantageuse lui permettait de suivre les moindres mouvements et détails de ce combat. Deux bataillons français (troupe garibaldienne) attaquèrent l'ennemi à plusieurs reprises et c'est pendant un de ces engagements que le lieutenant Wagenmann a été blessé légèrement au pied par une balle. La distance qui séparait les combattants pouvait s'estimer à 400 mètres environ au moment même où l'engagement paraissait le plus rapproché. (Rapport du commandant du 2e bat. du 4e d'infanterie badoise.)

Le lieutenant Wagenmann appartenait comme lieutenant de réserve au 4e régiment d'infanterie badoise (prince Wilhelm). Ce régiment forme aujourd'hui le 112e régiment d'infanterie de ligne. Il fut blessé au commencement de l'engagement par une balle chassepot. Wagenmann était à pied, et c'est à tort qu'on a dit qu'il avait été tué par Bosak. Actuellement le lieutenant Wagenmann, rendu à la vie civile, est directeur de la stéarinerie de Rupprechstau, près Strasbourg.

vue avec Garibaldi, repartait dès l'aube. Le mouvement de l'ennemi détermina une halte prolongée, pour conserver les positions acquises. Le 26 novembre, une attaque de l'ennemi eut lieu simultanément à Prenois, à Pasques et Darois, mais sans succès, et les Allemands, le soir même, se retiraient pêle-mêle sur Dijon, en pleine déroute. C'est alors que Garibaldi commanda la marche de nuit sur Dijon et que, bien qu'éloignée de douze kilomètres, la tête de colonne arriva aux portes de la ville, enlevant à la baïonnette les postes prussiens. A l'aube, un clairon garibaldien sonnant la charge répandit l'alarme dans Dijon. Elle provoqua une telle panique que l'évacuation du corps d'armée de Werder fut immédiate (1).

Le 27, au matin, de nouvelles positions étaient prises par Garibaldi qui était attaqué à Pasques et Lantenay, mais il dut se replier malgré un brillant combat et gagner Mâlain, Pont-de-Pany et Sombernon.

---

(1) Il était sept heures du matin. Toutefois, Garibaldi, de son côté, battait en retraite sur Darois, repoussé par quelques troupes mises en éveil a Talant et à Fontaine.

Enfin le 30, l'armée des Vosges arrivait à Autun, se préparant à la défense de cette ville menacée par la marche des Prussiens de Châtillon et de Montbard. Le 1er décembre, un combat eut lieu; les diverses brigades garibaldiennes s'y distinguèrent et l'ennemi se replia. Néanmoins, de nouvelles précautions furent prises en vue d'un nouveau combat. Par un ordre du 3 décembre, le général Bosak fut chargé de la défense de l'enceinte d'Autun. Sa brigade, alors cantonnée à Autun, Epinac, Couches-les-Mines, Nolay et Santenay, se composait de 4,250 hommes, répartis ainsi :

Eclaireurs du Rhône, Francs-tireurs du Rhône, Chasseurs Egyptiens, Légion Espagnole et Eclaireurs de Gray	1.250
Bataillons des Mobiles des Alpes-Maritimes	800
42e Régiment de Mobiles.	2 200

Une partie du mois de décembre se passa en évolutions dans l'Autunois et le Semurois, où des escarmouches et des engagements avaient lieu continuellement.

IV

OCCUPATION DE DIJON PAR L'ARMÉE DES VOSGES. — L'ÉCHAUFFOURÉE DU CHÊNE D'OBSERVE. — MORT DU GÉNÉRAL BOSAK.

Le 27 décembre 1870, le pont de Buffon, sur l'Armançon, sautait en jetant dans l'embarras les troupes allemandes de Zastrow et de Werder. Les Prussiens évacuèrent Dijon qui fut aussitôt occupé par la compagnie franche du Doubs et de Colmar, puis par le général Cremer, et enfin par Garibaldi qui y établissait son quartier général, à la Préfecture. Les brigades Bosak et Menotti, toujours à l'avant-garde, occupèrent aussitôt les cantonnements de Velars, Plombières, Talant, Fontaine et Val-Suzon.

Dès le 10 janvier, le général Bosak opérait jusqu'à Etaules avec des détachements à cheval sur la route de Val-Suzon à Saint-Seine, en avant des bois.

Les points importants de cette gorge escarpée de Val-Suzon tenaient constamment en éveil le général Bosak, qui, à plusieurs reprises, manifesta à son entourage les difficultés d'une attaque ennemie sur ce point, en raison des bois et des accidents de terrain. Néanmoins, la situation de son quartier général à Fontaine, en arrière de cette vallée et des forêts, le préoccupa souvent et l'obligea à des incursions fréquentes sur Val-Suzon ; il veillait sans cesse à toutes les alertes, appréciant d'autant mieux ce point que la tentative de Garibaldi, malgré toutes les difficultés du passage, avait permis à une fraction de l'armée des Vosges d'épouvanter l'ennemi jusque dans la place de Dijon.

Le général allemand Kettler s'est inspiré, du reste, de la tactique du général Garibaldi pour tenter lui-même, en plein jour, le même mouvement qu'avait opéré le chef de l'armée des Vosges dans la nuit du 26 novembre. Malgré les critiques passionnées dont Garibaldi fut l'objet, il reste certain qu'avec de bonnes troupes l'armée des Vosges triomphait à Dijon le 27 novembre au matin, et qu'assurément Cremer aurait fait, de son côté, jonction avec lui, si la résistance l'eût permis. Le général Kettler a tenté ce coup hardi le 21 janvier.

A cette date, la première légion de l'Isère, arrivée depuis deux jours, sous le commandement du colonel Bleton, était incorporée à la première brigade de l'armée des Vosges et occupait Fontaine.

Le 21 janvier, dès sept heures du matin, la brigade allemande Kettler composée des 21e et 61e régiments d'infanterie poméraniens se scindait en trois colonnes pour marcher sur Dijon. La colonne de droite s'avança par Turcey, Trouhans, Pasques et Prenois ; celle de gauche par les chemins boisés de Curtil, Savigny-le-Sec et Messigny. Quant à la colonne du centre qui nous occupe, elle s'avançait avec le général Kettler par les défilés périlleux du Val-Suzon, après avoir fait replier une compagnie de grand-garde du 42e mobiles de l'Aveyron. Cette compagnie, qui fit une résistance assez vive à la ferme de la Casquette, en avant des bois, sur la route de Saint-Seine à Val-Suzon, dut gagner la forêt et Etaules, occupés par des détachements français (1).

(1) Le général Kettler, qui avait reçu l'ordre de se porter sur Dijon, se montrait le 20 à Sombernon et à Saint-Seine. Le 21, il se por-

La brigade Kettler se composait d'environ cinq mille hommes. La colonne du centre continua sa marche sur Darois pour faire plus tard jonction avec sa droite, près de la métairie d'Hauteville.

De notre côté, les 1re et 3e brigades des Vosges occupaient Corcelles-les-Monts, Talant, Fontaine, Daix et Asnières.

L'engagement de la ferme de la Casquette avait mis en éveil les compagnies du 42e mobiles de l'Aveyron, cantonnées à Darois et à Prenois. Mais l'ennemi, qui était en nombre, avait déjà franchi les bois du Val-Suzon, et ses lignes de tirailleurs s'étendirent rapidement dans toute la plaine en avant de ces deux villages L'attaque fut vive, les mobiles de Darois tinrent bon, tandis que de Prenois accourait le bataillon qui y était cantonné. Malheureusement, après avoir gagné la plaine

---

tait résolûment sur la ville elle-même et franchissait le vallon escarpé du Val-Suzon, qui, faiblement gardé, fut à peine disputé. Un combat sérieux s'engagea à cheval sur la route de Châtillon, d'abord à Daix, puis à Talant et à Fontaine. L'attaque était plus audacieuse qu'habile car elle se présentait sur le côté le plus fort de la ville.

(Rapport du député Perrot, fait au nom de la commission d'enquête.)

pour courir au feu, les mobiles, prenant des détachements prussiens pour leurs frères d'armes, s'avancèrent sans tirer. C'est alors qu'à bonne portée et avant que les mobiles eussent reconnu leur erreur, un feu vigoureux éclata jetant un désarroi complet dans le bataillon. Les hommes, pris de terreur, ne surent où aller ; le plus grand nombre résista (1) tout en battant

---

(1) On lit dans les *Lettres d'un Aumônier militaire*. Rodez, 1891. Imprimerie Carrère, page 32 :

« Nous étions encore à plus d'un kilomètre de nos malheureux camarades! Que pouvions-nous donc faire pour les tirer de leur erreur et leur faire rebrousser chemin? Nous avancer vers eux, crier de toute la force de nos poumons, faire mille signes, mille gestes, les uns plus énergiques que les autres, pour leur faire comprendre leur fausse manœuvre : nous n'y manquâmes pas ; mais tout était inutile! Nous étions trop éloignés. Dépeindre notre anxiété! Dire ce que nous éprouvâmes pendant ces quelques minutes! Ce ne serait pas possible. Ce sont des choses qui se voient, qui se sentent, mais qui ne s'expriment pas! Les cheveux se dressaient sur nos têtes!

« L'erreur ne pouvait pas être de longue durée. Les Prussiens, voyant qu'ils étaient assez près, font pleuvoir des milliers de balles. Les nôtres ont bientôt compris et ne se font pas prier pour battre en retraite. Quelques-uns de nos

en retraite sur les compagnies engagées devant Darois ; d'autres cherchèrent une autre direction et gagnèrent Plombiè-

---

mobiles restent sur le carreau, entre autres le jeune Arsène Livignac, ancien zouave pontifical. Ce pauvre sergent, s'étant couché derrière une grosse pierre, se préparait à tirer lorsqu'il fut frappé à la tête par une balle : sa mort fut instantanée. M. le curé de Prenois l'a relevé après le passage des Prussiens.

« Parmi les blessés se trouve le capitaine Villa, de Milan. La balle qu'il a reçue à une jambe ne lui a pas permis de suivre ses compagnons. Ces derniers, suivis de près par les Prussiens, n'ont pu l'emporter avec eux. M. le commandant Charles de Gissac, arrivé la veille de l'Aveyron, où il avait été pour guérir de la blessure reçue au combat de Lantenay, a été blessé de nouveau entre Darois et Prenois. C'est un brave, celui-là ! Il a passé peu de temps dans son pays. Il lui tardait de rejoindre ses compagnons d'armes, et de se battre de nouveau. L'occasion ne s'est pas fait longtemps attendre.

« Hier au soir, soit à Talant, soit à Fontaine, il manquait beaucoup des nôtres à l'appel. Nous craignions qu'ils ne fussent restés sur le champ de bataille. Je viens d'apprendre qu'une soixantaine d'entre eux, parmi lesquels le jeune Boyer, de Saint-Bianlize, élève en médecine, ont été expédiés, ce matin, pour la Prusse. Le jeune Boyer a eu beau montrer son brassard de médecin attaché au régiment et protester énergiquement contre

res (1). Mais la colonne allemande de droite qui avait contourné Pasques et Prenois arrivait à ce moment et, coupant leur retraite, faisait une soixantaine de prisonniers, au nombre desquels se trouvait l'aide-major Boyer.

Bien que l'attaque allemande ait été faite avec promptitude, le général Bosak ralliait quelques troupes en toute hâte et

---

son arrestation illégale, on n'en a pas tenu compte. »

(1) Le 42e mobiles, qui soutenait le choc, était uniquement composé de Français originaires de l'Aveyron. Ces mobiles étaient armés d'anciens fusils transformés à piston. Chaque homme portait 30 cartouches. Les quatre cents Français engagés dans de si tristes conditions, soutinrent vaillamment le choc des vieilles troupes poméraniennes et le feu de leur artillerie. Mais bientôt menacé d'être entouré par l'ennemi, le commandant Anglès les fit rétrograder lentement, en maintenant l'adversaire en respect jusqu'à Darois où l'ennemi cessa un instant le feu.

Le commandant Anglès, sentant que les cartouches de ses hommes commençaient à s'épuiser, poussa la retraite, laissant l'ennemi faire halte à Darois. Cette retraite avait duré trois heures environ, pendant lesquelles les mobiles du 42e avaient parcouru à peine six kilomètres.

(*La mort de Bosak*, de la *Revue du Cercle militaire*, du 17 janvier 1892.)

partait sur le théâtre de l'action en prévenant, de Fontaine, Garibaldi par la dépêche suivante : « 21 janvier ; général Garibaldi, Dijon. On prétend entendre le canon au delà de Val-Suzon, je vais m'en assurer moi-même. — Bosak. »

Le général Bosak n'avait pas perdu une minute pour accourir avec cent hommes du 42ᵉ mobiles. A peine avait-il passé la butte en avant d'Hauteville et quitté le chemin communal qui fait jonction à la route, qu'il s'aperçut que les troupes de sa brigade avaient abandonné Darois et Prenois devant un ennemi supérieur.

Bientôt il se trouvait au milieu des bataillons engagés, lorsque, n'écoutant que son courage, il voulut tenter de repousser l'ennemi en encourageant lui-même ses troupes par sa présence.

Le brave Bosak, dans ces moments périlleux, ne calculait rien ; d'une hardiesse excessive et d'un sang froid remarquable, il affrontait tous les dangers, décidé, marchant ouvertement, la tête haute. C'était un moment critique : il s'avance (1), avec ses cent hommes, sur la

(1) Le général Bosak portait sa tenue habituelle : képi rouge, dolman rouge avec galons

route, leur recommandant de ne tirer qu'à bonne portée (1). Puis, s'approchant du commandant Anglès, il lui demanda pourquoi les autres bataillons n'étaient pas là.

---

de grade placés en chevron sur le bas des manches, pantalon gris clair et bottes à l'écuyère. Il avait à son côté le sabre d'honneur qui lui avait été donné par le grand-duc Michel, et dont la poignée, une œuvre d'art, émergeait d'un fourreau de cuir.

(1) « J'avais oublié de vous dire, et c'est ici que vous allez juger de nos braves mobiles, que nous avions laissé, en quittant Fontaine, une compagnie des nôtres, de cent hommes environ, à Daix, petit village de la banlieue de Dijon. A peine la nouvelle de l'arrivée des Prussiens est-elle parvenue au quartier général, que le général Bosak-Hauké, Polonais d'origine, et servant, en qualité de volontaire, dans la division des Garibaldiens, se met à la tête de notre compagnie de Daix, qu'il rencontre, par hasard, sur son chemin, et marche, avec elle, droit à l'ennemi. C'était, de sa part, moins un acte de courage qu'une folie, qu'une coupable audace qu'il paya bien cher, avec nos pauvres mobiles !

« Tout le monde battait en retraite, et lui, bravant, sans le moindre espoir de succès, le danger, s'avance, avec cette centaine d'hommes, à quelques pas de l'ennemi, à découvert, au milieu d'une grêle de balles, et sans même se déployer en tirailleurs, comme l'aurait demandé la position !» *(Lettres d'un Aumônier militaire.* Imprimerie Carrère, Rodez.)

Le commandant Anglès lui répondit qu'engagé dès le matin, il avait appris que le colonel du 42e mobiles s'était replié avec deux bataillons.

Le général lui serra la main en le félicitant sur le devoir accompli, mais il ajouta : « A tout prix je dois retarder la marche de l'ennemi sur Dijon. Des travaux de défense s'achèvent à Fontaine et à Talant. Je vais passer sur le côté droit de la route avec une compagnie, prenez le reste et déployez-vous dans le champ à gauche. »

Le commandant Anglès essaya en vain de le décider à ne pas continuer la lutte avec une telle inégalité de combattants; ni lui, ni le capitaine d'Ardenne, qui arrivait à son tour à lui, ne purent le retenir (1).

---

(1) Le commandant Anglès lui fit remarquer que les mobiles étaient exténués par la lutte de la matinée, dans la neige ; qu'ils n'avaient presque plus de munitions et que leur nombre lui paraissait bien restreint pour qu'ils puissent tenir tête :

— La brigade prussienne que vous n'apercevez pas, hasarda le commandant, est cachée dans tous les bois qui sont devant nous, et peut-être serait-il préférable de rétrograder jusqu'à l'arrivée du renfort que vous attendez.

La petite troupe enhardie qui l'entoure défile avec un calme intrépide, gagnant le *bois du Chêne,* dont la pointe aboutit à la route. Tout le monde est à son poste dans ce moment suprême. Le capitaine d'Ardenne s'avance à côté d'eux, le commandant Anglès disperse ses hommes. Aussitôt une charge épouvantable s'abat sur Bosak et ses hommes. Toutes les poitrines de ces braves reçoivent cette pluie de plomb, crachée par les fusils ennemis cachés sous bois, à vingt pas d'eux. Bosak

---

— Exécutez mon commandement, dit sèchement le général.

A ce moment arriva, avec ses hommes, le capitaine d'Ardenne qui, apercevant le général Bosak, s'avança en s'écriant :

— Général, je sors du bois, nous venons de tirer les derniers coups de fusil !... Chaque arbre de la forêt dissimule un soldat ennemi; si nous avançons, nous marchons à une mort certaine...

Alors Bosak, l'interpellant : « Vous avez peur aussi, Monsieur d'Ardenne ?

— Personne n'a peur ici, mon général, nous vous suivrons jusqu'au bout !

— A la bonne heure, donc ! dit aussitôt le général, dont la figure exprima une vive satisfaction.

(*La mort de Bosak, Revue du Cercle militaire,* du 17 janvier 1892.)

tombe mortellement frappé avec de dignes héros de tous grades. D'un bond, le général veut se relever, cherchant à gagner le fossé de la route, mais ses forces l'abandonnent aussitôt, et il tombe inerte sur la neige. Il mourait, frappé d'une balle en pleine poitrine (1).

(1) Nous les voyons passer au milieu de nos rangs en désordre, comme des êtres humains qu'on irait conduire à une boucherie ; nos craintes n'étaient malheureusement que trop bien fondées ! A quelques pas de nous, nous voyons tomber, le premier, criblé de balles, l'imprudent et audacieux général. Vingt-sept hommes de la compagnie, sans compter les blessés, tombent morts à côté de lui. De ce nombre est le sergent Ray, Montergoux, Soulié, Genietz, de Lugan, du Pouget, de La Capelle-Bleys, qui, en passant près de moi, une minute avant, m'avait donné à la hâte une poignée de main. Le capitaine d'Ardenne, qui se trouvait à côté de lui, le relève, le reçoit dans ses bras ; mais tout soin est inutile : la mort a été instantanée.

Dans l'impossibilité de pouvoir emporter avec nous ces pauvres morts, nous devons nous résigner, avec un mortel regret, à les laisser sur le champ de bataille. On comprendra que nous en ayons assez avec les blessés. Journée des plus terribles ! Nuit des plus affreuses ! Ce ne fut que le surlendemain, et seulement lorsque les Prussiens eurent abandonné leurs positions, que nous pûmes aller à

Le capitaine d'Ardenne, qui se trouvait au plus près, veut porter secours au géné-

---

leur recherche. Nous les trouvâmes étendus sur la neige teinte de leur sang. Leur figure, grâce, sans doute, à un froid intense, loin d'être décomposée, n'avait rien, en apparence, des hideux ravages de la mort naturelle !

Pauvres enfants ! Marcher mal armés, au milieu de la mitraille, à quelques pas d'un ennemi puissant, habitué à la victoire, et avec la conviction peut-être que vous alliez à une mort certaine ! N'est-ce pas là de la vaillance ! N'est-ce pas là du vrai courage !

Et les troupes régulieres, et les vieux soldats en auraient-ils fait davantage ? Nous ne le pensons pas ! Morts ou blessés, c'est plus que la moitié de la compagnie qui a été victime de sa bravoure !

Pour mieux nous assurer de leur identité et pouvoir leur donner une sépulture honorable, je les ai fait porter dans une des salles de l'hospice de Dijon.

Au premier moment libre, je vous rendrai compte de ce triage des nôtres, de cette revue des morts que je viens de faire avec mes deux ordonnances dans la susdite salle de l'hospice. Nous venons de terminer cette pénible corvée. Nous en avons encore les mains toutes ensanglantées. J'ai pu les reconnaître tous.

Je vous parlerai aussi de la cérémonie de sépulture. Je tiens à la faire moi-même. Ce sera une consolation pour moi et pour les pauvres parents surtout. *(Lettres d'un Aumônier militaire.* Pages 22, 23.)

ral, à quinze pas de lui, et essayer de l'emmener. Mais les soldats ennemis, voyant tomber un chef en *chemise rouge*, se figurent avoir tué Garibaldi lui-même et poussent des hourras frénétiques ; sortant en foule des bois, ils cherchent à envelopper le capitaine d'Ardenne et ses hommes. Le feu reprend ; enfin, grâce à l'arrivée, au pas de course, de deux compagnies du même régiment, le capitaine d'Ardenne peut se dégager avec le reste de sa section, faisant toujours face à l'ennemi qui le serre de près.

Le capitaine Perchet, engagé plus au large, s'enfile avec le sergent Couturier et une trentaine d'hommes dans le bois, se trouvant tout à coup coupé et derrière l'ennemi. Ne perdant pas un instant son sang-froid, il rallie son petit détachement, suit le bois et parvient à gagner Dijon dans la soirée avec son sergent et dix-huit hommes.

Entre temps, le capitaine Wichard, qui était officier d'ordonnance du général, arrivait à pied pendant l'engagement et s'approchait du commandant Anglès pour lui demander où était le général :

— Tué, là-bas, où vous voyez ces Prussiens !... lui répondit le commandant.

En effet, à ce moment, le sergent Regitz, du 61e Poméranien, s'avançait à la tête de ses hommes, après s'être emparé du *sabre d'honneur* du général et l'avoir mis à sa ceinture (1).

En effectuant une nouvelle retraite de deux à trois cents mètres environ, les mobiles du 42e purent se retrancher derrière les murs de la ferme de Champ-Moron (2),

---

(1) Après la mort du général Bosak, un sergent du 61e régiment poméranien, nommé Regitz, outragea grossièrement sa mémoire : il s'empara du sabre du général, et, après l'avoir suspendu à sa ceinture, le présenta en ricanant à des mobiles du 42e qui venaient d'être faits prisonniers.

(*Le Solel*, du 19 janvier 1892.)

(2) Dans notre retraite vers Dijon, arrivés à une certaine distance, nous nous arrêtâmes quelques instants. Une grande muraille, longeant la route sur un parcours assez considérable, nous permettait de tirer sur l'ennemi sans être nous-mêmes atteints par ses balles, qui se contentaient de passer, épaisses, en sifflant sur nos têtes. J'avoue que cette musique d'un nouveau genre était peu harmonieuse pour nos oreilles et peu faite pour nous faire rire! C'était quelque chose d'effrayant.

En attendant, les Prussiens nous serraient de près, tout en tournant vers la gauche. Ils furent bientôt sur la route. A partir de ce

où ils résistèrent pendant vingt minutes environ, jusqu'à l'arrivée des troupes garibaldiennes.

La lutte fut longue, le premier bataillon du 61e Poméranien, qui occupait les hauteurs des deux côtés de la route avec la 6e batterie d'artillerie allemande, dut se replier le soir (1).

La victoire nous restait.

---

moment, le mur protecteur ne nous fut plus d'aucune utilité.

N'étant plus garantis par rien et complètement à découvert, les balles nous tombaient dessus comme la pluie. Nous étions derrière cette muraille plusieurs centaines. Il aurait fallu nous voir déguerpir de par là.

(Lettres d'un Aumônier militaire, pages 61-62.)

(1) Vers onze heures, il y avait deux batteries sur les hauteurs d'Hauteville qui canonnèrent les positions de Talant et de Fontaine. Les batteries de ces localités répondirent de même et tinrent les Prussiens à distance, tandis que, d'autre part, les tirailleurs se lançaient en avant. Dès le début de la mêlée, le général Bosak, un preux de l'insurrection polonaise, qui s'était bravement porté en avant, fut mortellement frappé. Ses hommes n'en tinrent pas moins bien le terrain. *(La Guerre franco-allemande, par Lecomte, général fédéral suisse.)*

Le surlendemain 23 janvier, l'attaque des troupes prussiennes s'effectua sur la route de Langres où fut pris le drapeau du 61e dans un héroïque combat qui faisait fléchir une dernière fois les vieilles troupes poméraniennes.

V

IMPRESSIONS ET DOULEURS DE LA MORT DU GÉNÉRAL BOSAK. — RECHERCHES DE SON CORPS.

La mort glorieuse du général Bosak causa, tant à l'état-major de l'armée des Vosges que parmi les troupes, une douleur profonde. Bosak avait su se faire aimer tout en faisant apprécier ses qualités militaires pendant cette triste et rigoureuse campagne. Toujours en éveil, d'un esprit aventureux, les soldats le sentaient, à toute heure, prêt à faire son devoir pour défendre un pays qui n'était pas sa patrie. Les combats de haute lutte et les traits de bravoure qu'il a accomplis sur le sol de la France témoignent de son amour pour elle. Certaines personnes ont vu dans ses actes téméraires des agissements que les récits avaient dénaturés. Nous présentons aujourd'hui ses faits d'armes dans toute leur vérité. Aussi, doit-on forcément reconnaître que Bosak, bien que d'une hardiesse peu commune, n'a point fait d'équipée, et que ses actes de guerre n'étaient pas des actions dont les suites ne pouvaient pas être profitables pour la lutte. D'une hardiesse excessive, il entraînait ses hommes avec audace, affrontant les périls, s'exposant au danger. Les hasards de la guerre l'ont mis dans une impasse terrible, le 21 janvier, devant le *Bois du Chêne;* il est mort en héros, tué par un ennemi caché, lui qui entrait toujours en lice, résolûment, en face et à découvert.

L'acte de bravoure de Velars n'est que le pas d'armes d'un vaillant chevalier et non une bravade comme certains récits ont pu le faire croire. Ce serait folie, en effet, de penser un instant qu'il chercha un combat singulier; surpris en tournant le chemin, c'était au plus leste à se servir de son arme ; son doigt a pressé la détente le premier.

Nous avons tenu à relater dans sa plus pure vérité l'échauffourée du *Bois du Chêne.*

« Le surlendemain seulement, — dit le général Bordone, — on nous rapporta son cadavre dépouillé de tout ce que ce brave soldat avait avec lui : son portefeuille avec des cartes, sa longue-vue, son sac de campagne, son revolver, son sabre d'honneur donné par l'empereur de Russie, ses bagues et jusqu'à ses lettres (1).

---

(1) Le récit du général Bordone, extrait de *Garibaldi et l'Armée des Vosges*, montre ce qu'étaient nos vainqueurs dans la victoire.

A ce sujet, comme rapprochement, nous signalerons un fait qui se passait en 1807, après la bataille de Friedland (14 juin). Le soir, Napoléon, qui parcourait le champ de bataille en compagnie de Ney et de Nansouty, vint saluer le cadavre d'un général russe, tué au moment du combat. L'officier ennemi avait été couché près d'un affût de canon. Nos soldats l'avaient recouvert d'un manteau et, en guise d'hommage rendu au courage malheureux, son épée avait été placée sur le cadavre.

Tels étaient les Français, tels furent les Allemands ; le sergent Regitz, lui, met le sabre du général à son côté !

Après la guerre, le régiment du 61ᵉ, sur une délégation de la comtesse de Hauké, fit demander si, moyennant une récompense de mille francs, Regitz consentirait à se dessaisir en faveur de la comtesse de l'épée qui était en sa possession. Regitz déclina l'offre pécuniaire, et rendit volontairement l'arme à la comtesse. Dans la suite, pour le remercier, la comtesse fit exécuter, par un certain M. Armand Gopp, 52, rue du Mont-Blanc, à Genève, et lui fit parvenir un étui à cigares, brun, portant une plaque métallique avec la dédicace : La comtesse Marie Bosak-Hauké reconnaissante.

« Sa physionomie était calme et presque souriante ; il avait dû être tué sur le coup. Cette mort nous attrista beaucoup, car tous nous aimions bien le général Bosak, et c'était une véritable perte pour notre armée.

« C'est le 24, dans la matinée, à la suite des recherches que nous avions fait faire, que son cadavre fut retrouvé dans un petit bois, entre Val-Suzon et Etaules, et fut apporté au quartier général (1). Une garde d'honneur, composée en majeure partie de Polonais, qui étaient attachés à divers titres à son état-major, fit la veille près de cette chère relique, jusqu'au mo-

(1) Du jugement rendu par le tribunal civil de première instance de Dijon, le 14 novembre 1871, et de la déclaration des sieurs Zongollowick, Zenezykowski et Kardazinski, domiciliés à Dijon, il appert que Joseph, comte Hauké, dit Bosak, né en Pologne, le 19 mars 1834, de feu Joseph Hauké et de Karoline Steinkeller, résidant à Palerme, marié à Kaszanowska, exposante, faisant partie de l'armée des Vosges, en qualité de général, et connu dans cette armée sous le nom de *Bosak*, atteint d'une blessure au combat livré en avant de Dijon, le 21 janvier 1871, est décédé ce même jour sur le territoire de Darois, canton nord de Dijon.

ment de son inhumation provisoire au cimetière de Dijon (1). »

Le mercredi 25 janvier, à trois heures, avait lieu l'enterrement civil du général Bosak-Hauké. Beaucoup de Dijonnais se mêlèrent au cortège. Le général Bordone prononça sur sa tombe les paroles suivantes :

« Chers frères d'armes !

« Celui que nous accompagnons est un des enfants de cette héroïque Pologne qui, toujours, nous aida à combattre la

---

(1) Garibaldi apprit ce triste événement à l'armée par l'ordre du jour suivant :

« La Pologne, la terre de l'héroïsme et du martyre, vient de perdre un de ses plus braves enfants, le général Bosak.

« Ce chef de notre première brigade de l'armée des Vosges a voulu, par lui-même, s'assurer de l'approche de l'ennemi vers le Val-Suzon, dans la journée du 21 janvier et lancé, avec une douzaine de ses officiers et miliciens, de ce côté, il a voulu, bravoure inouïe, arrêter une armée avec une poignée de braves.

« Ce Léonidas des temps modernes, si bon, si aimé de tous, manquera, à l'avenir, à la démocratie mondiale, dont il était un des plus ardents champions, et il manquera surtout à sa noble patrie !

« Que la République adopte la veuve et les enfants de ce héros. »

tyrannie, et que nos gouvernements déchus ont si mal récompensée de ses efforts.

« Proscrit et condamné à mort par le czar, il accourut au premier appel de la France en détresse, et commença avec nous cette lutte qui, pour lui, devait finir si tôt.

« Il n'avait qu'un défaut, il était trop brave, et c'est pour cela que nous je voyons gisant à nos pieds.

« Presque seul à l'approche de l'ennemi, il a voulu en reconnaître la force et les dispositions, et il est tombé, victime de sa témérité.

« Cher Bosak !

« Avant de te dire adieu, nous jurons de suivre ton exemple et d'aller, quand nous aurons purgé la France de l'étranger qui la souille, poursuivre et combattre le despotisme partout où il se réfugiera, et de mourir comme toi pour la défense des principes de l'humanité et de l'affranchissement des Peuples. »

Dans la soirée, le cadavre de Bosak fut exhumé et transporté à l'Hôpital général, où il fut embaumé. Ce fut une femme pleine de dévouement, Mme Jaworowski, amie de la famille, qui présida à toutes ces mesures précipitées. Elle fit faire un superbe cercueil capitonné en satin rouge, recouvert d'une glace qui permettait de voir encore celui qui fut un vaillant général. Il fut ensuite transporté en Suisse, où résidaient sa femme et ses enfants.

D'un élan spontané, une souscription fut ouverte à l'*Armée des Vosges* pour l'érection d'une pierre commémorative sur le lieu même où était tombé le général.

Le 27 janvier, Gambetta adressait à Mme Bosak la lettre pleine de cœur qu'on va lire, et qu'il est de notre devoir de reproduire :

« Bordeaux, 27 janvier 1871.

« Madame,

« Vous me pardonnerez de vous prendre une minute sur vos larmes et la douleur qui possède votre âme depuis la cruelle nouvelle, mais je tiens comme un devoir sacré de venir vous dire la pensée tout entière du gouvernement sur votre glorieux mari.

« M. le général Bosak-Hauké avait généreusement offert son épée à la République Française. Il lui a donné sa vie, comme s'il avait été un de ses enfants, et c'est ainsi que nous le considérions nous-même.

« Il viendra des jours meilleurs, où nous pourrons nous recueillir et rendre à tous ceux qui ont prodigué leur sang et leur vie à la défense de la France, la justice méritée et la dette de reconnaissance que nous avons contractée envers tous ceux qui, au jour du péril, se sont réunis autour de notre drapeau, sans tenir compte ni de leurs intérêts, ni de leurs préférences.

« Jusque-là, vous pouvez compter, Madame, sur mon dévouement pour faire honorer la mémoire de votre vaillant mari, et je vous prie de ne jamais hésiter à faire appel à nos souvenirs, je serai bien heureux d'y répondre.

« Veuillez recevoir, Madame, avec l'expression de mes sentiments de sympathique condoléance, l'assurance de mon profond dévouement.

« LÉON GAMBETTA. »

Le 8 février 1871, M. Jaworowski accompagnait à Genève le corps de son ami.

Ses funérailles eurent lieu dans cette ville, le dimanche 12 février. Un cortège nombreux accompagnait le glorieux défenseur de l'Indépendance et de la Liberté !

Par la vitre enchâssée dans le cercueil, on pouvait voir la calme figure du mort, figure fine et longue, encadrée d'une soyeuse barbe blonde : les traits d'un penseur qui savait être un homme d'action.

M. Amberny prononça sur sa tombe un remarquable discours.

Au cimetière de Carouge s'élève, à droite de l'entrée, une pyramide imposante, bloc énorme, à peine dégrossi ; c'est le tombeau du héros de Dijon (1).

La comtesse de Hauké a obtenu une pension de 2,600 fr. du gouvernement français, comme veuve d'un général de brigade tué à l'ennemi. *(Décret du 31 mars 1872.)* (2).

---

(1) C'est à Carouge, rue de Lancy, que demeurait modestement, en 1870, sous le nom de Bosak, le noble Polonais. Il vivait avec sa jeune femme et quatre enfants en bas âge. Il correspondait avec ses amis et faisait aussi de la peinture. Hérolle, l'artiste lyonnais, son voisin, lui apprenait le maniement des couleurs.

(2) La comtesse de Hauké habite encore Genève ; mariée le *21 janvier* (?) 1863, elle a eu quatre enfants : Marie, née à Florence, le 12 mars 1865 ; Edwige, né à Zurich, en 1866 ; Caroline, née à Carouge, le 16 septembre 1867, et Maurice-Joseph, né à Carouge, le 12 novembre 1869.

VI

MONUMENT COMMÉMORATIF DU BOIS DU CHÊNE

Un an après la mort du général Bosak, le 21 janvier 1872, avait lieu la cérémonie d'inauguration du monument élevé à sa mémoire, au *Bois du Chêne*, situé à huit kilomètres de Dijon (1).

Plus de deux mille personnes s'étaient jointes au cortège précédé de la municipalité de Dijon. Parmi les groupes, on remarquait des députations d'anciens combattants de Chalon, de Montbard, quelques valeureux officiers de l'armée des Vosges. Le général Bordone, le colonel d'artillerie Ollivier, le savant ingénieur Gaukler ; des

---

(1) Un peu plus loin se trouve, au sommet d'un plateau déboisé, une maison flanquée d'une élégante tourelle, appelée la maison du *Chêne d'observe*. Elle fut bâtie en 1848, à la place d'un chêne énorme, mort de vieillesse et abattu peu avant. De là le nom de Bois du Chêne.

compatriotes et amis du général Bosak, des Garibaldiens, des membres de la commission d'initiative, les délégués lyonnais avec M. Rosenfeld, vice-président du conseil d'arrondissement de Lyon, etc.

Bientôt le voile tombait découvrant une pyramide de granit sur laquelle flottait, uni au drapeau de la France, le drapeau de la Pologne. (Bleu, rouge, blanc.)

Sur une plaque était gravé :

BOSAK-HAUKÉ
Né le 19 Mars 1834
Mort le 21 Janvier 1871
Noble enfant de la Pologne,
Il fut, en 1863, un des plus braves défenseurs,
Et en 1871, vint verser son sang pour la France !

Et, plus bas, une inscription en langue polonaise qui se traduit ainsi :

« *Puissent tes vertus, ta bravoure et ton amour de la Liberté, trouver de nombreux imitateurs, et ton sang des vengeurs !* »

Plusieurs discours furent prononcés ; les principaux, reproduits dans les journaux de l'époque, sont du général Bordone, de M. Tainturier, adjoint au maire de Dijon, et de M. Jaworowski, son ami.

Aujourd'hui que l'histoire a gravé sur ses tables le nom d'un héros, nous terminerons cette patriotique biographie en faisant des vœux pour l'érection d'une statue au général Bosak.

Au lendemain de sa mort, d'un élan spontané, l'armée des Vosges souscrivait, sous les yeux de l'ennemi, pour lui élever une colonne commémorative où il était tombé glorieusement. C'est que tous ceux qui l'entouraient avaient, dans les longs mois de la vie des camps, appris à connaître ce cœur trempé, impétueux, enthousiaste, et comprenant les grands devoirs. Energique à l'excès, il était accouru à notre secours, décidé à accomplir les plus belles choses pour délivrer la France démembrée et foulée de l'est à l'ouest par la lourde botte germanique.

Risquant volontiers sa fortune et sa vie, il abandonnait de jeunes enfants et une femme puissante de dévouement, possédant, avec de rares qualités, la haute valeur de la race dont elle était issue.

Bosak avait entraîné de braves Polonais pour le seconder par leur intrépidité dans l'excitation des combats et l'imprévu des camps.

Leur caractère d'indépendance et leur

générosité les ont fait appeler à juste titre: *Les Français du Nord* (1).

Et, maintenant que partout sur notre territoire se dressent, à côté des monuments commémoratifs, les statues des vaillants, le ciseau doit retracer la figure se-

---

(1) Bosak-Hauké était Polonais, tout ce qu'il y a de plus Polonais et non « d'origine russe ». C'est en cette qualité qu'il quitta l'armée russe, comme beaucoup de ses compatriotes, pour combattre, en 1863, dans les rangs de la vaillante insurrection polonaise. C'est en cette qualité de Polonais, comme beaucoup de ses compatriotes, qu'il mit, en 1870, sa glorieuse épée au service de la France. Des centaines de Polonais sont tombés pour elle, dans l'armée régulière, dans les mobiles et dans les francs-tireurs. Ils n'ont fait que continuer la tradition de leurs ancêtres morts par milliers, toujours pour la France, sur les champs de bataille d'Iéna, d'Eylau, de Somosierra, de Smolensk, de Leipzig, etc.

« Ah ! monsieur, puisqu'il est de mode de crier aujourd'hui : « Vive la Russie ! » il ne faut pas que ce cri étouffe complètement chez les Français le sentiment de la justice. Laissez tout au moins aux Polonais purs et intacts la gloire d'être morts pour la France.

« Agréez, etc.

« Comtesse JABLONOWSKA. »

(Extrait d'une lettre adressée au Figaro, *le 20 janvier 1892.)*

LES ARMOIRIES PARLANTES

des « BOSAK »

DE LA FAMILLE DE HAUKÉ

gravées par M. Bony, de Nuits

d'après une aquarelle de V. C. Zielinski.

reine de celui qui fut un Bayard moderne.

Les survivants de l'ancienne brigade de l'armée des Vosges ne demandent qu'à concourir à sa glorification et les Polonais n'attendent qu'un mot pour envoyer leur obole.

La patriotique municipalité dijonnaise qui n'a jamais, depuis vingt ans, marchandé son dévouement pour cette cause essentiellement nationale, ne refusera certainement pas aux survivants ce dernier désir.

J. Ledeuil d'Enquin.

*
* *

Théodore HAUKE, descendant d'une famille noble flamande, arriva de la Saxe en Pologne, en 1789, sous le règne de Stanislas-Auguste Poniatowski, et s'établit à Varsovie. Il avait une fille née en Saxe en 1778, morte à Varsovie en 1876, et deux fils :

I. — Maurice, né en Saxe le 26 octobre 1775. En 1794, après avoir fini ses études militaires qui lui donnaient le grade de lieutenant de l'artillerie polonaise, il prit part aux combats de la Légion polonaise sous Dombrowski, Henri, en Italie ; — capitaine et aide de camp du général H. Dombrowski en 1806, chef d'escadron et ensuite colonel, chef d'état-major, en 1809, commandant la Forteresse Zamosc, en 1813 général-divisionnaire, en 1815 général-maréchal de camp, en 1816 conseiller d'Etat et directeur de l'artillerie et du génie, général d'artillerie, puis ministre de la guerre du royaume de Pologne et Sénateur-Vojvode. Il fut tué, pendant le combat, dans les rues de Varsovie, le 29 novembre 1830. Maurice Hauké, alors qu'il était général d'artillerie, reçut le 14 février 1826, avec ses frères, la *Nobilitation polonaise* et l'armoirie « *Bosak* » ; en 1829, le 24 mai il fut nommé comte du royaume de Pologne avec ses descendants. Maurice Hauké était marié à Sophie Lafontaine, dont il eut deux filles :

a — Sophie-Thérèse-Salomé, née à Varsovie en 1817, dame de la Cour impériale Russe, par ordre de la Héraldie du royaume de Pologne le 20 février 1838, inscrite comme comtesse dans les livres généalogiques du royaume ; mariée à Alexandre de Hauké, fils de Louis, elle mourut à Dresde, en 1861.

b — Julie, née à Varsovie le 25 novembre 1825, mariée en 1851 au prince régnant Alexandre de Hessen, reçut ce titre : Comtesse de Battenberg, et puis le titre : Princesse de Battenberg. Son fils Alexandre, né le 3 avril 1857, fut élu le 24 avril 1878, par le peuple bulgare, sur le trône de Bulgarie. Il régna comme prince de Bulgarie jusqu'au 7 octobre 1886.

II. — Joseph HAUKÉ, fils de Théodore, né à Varsovie en 1790, fit ses études militaires, lieutenant, capitaine et colonel de l'état-major général, aide de camp de son altesse impériale le grand-duc héréditaire

APPENDICE

TITRES. — ARMOIRIES. — GÉNÉALOGIE

Nous devons à l'extrême obligeance de M. Wladislav Kornel, chevalier Vittelius-Zielinski, de *Varsovie*, membre honoraire de l'Académie Tiberina, à Rome, de la The Gypsylore Society, à Edimbourg, etc., la savante notice qui suit :

BOSAK (avec un *s*, prononcez *Boçaque*) signifie : « Croc à feu ». — Nom de l'armoirie polonaise conférée avec une nobilitation polonaise, le 14 février 1826, par le Roi de Pologne et Empereur Russe Nicolas Ier, aux fils de Théodore Hauké.

I. — MAURICE, général divisionnaire de l'armée polonaise ;

II. — JOSEPH, colonel de l'état-major général de l'armée polonaise ;

III. — LOUIS, référendaire de l'Etat du royaume de Pologne.

Sur l'écusson coupé, en chef un champ d'azur, et en pointe un champ d'or, sur le tout brochant un lion, au champ d'en chef en or, et au champ d'en pointe en azur, se dresse à droite sur ses pattes postérieures et porte dans celles du devant un croc à feu en chef or, en pointe azur. — Sur le timbre équestre ouvert, une couronne de chevalier en or, et, au cimier, la moitié supérieure du lion en or avec le croc à feu comme sur l'écusson. Les lambrequins d'azur doublés d'or.

Bosak est un substantif commun du genre masculin singulier ; *bosaki* au pluriel.

Le substantif *Bosak* étant une dénomination technique dérivée de l'allemand : « *Bœser Haken* » (*bœse, bœser,* = méchant ; *haken,* = croc) un croc qui est méchant, puisque, par son intermédiaire, on harcèle le feu, en lui retirant les matériaux combustibles. Du reste, beaucoup de dérivés allemands dans la langue polonaise, pour les dénominations techniques, par exemple : *Stolek* = Stuhl, chaise ; *Kuchnia* = Küche, cuisine ; *Szturmak* = Sturm-Haken, un croc guerrier, espèce d'hallebarde ; *Pal* = pfahl, un pal, *pals,* peaux ; *Dach* = Dach, un toit, etc., etc.

gg — Marie, mariée à Jules Kosinski, docteur en médecine et chirurgie, professeur à l'Université de Varsovie ; morte en 1891.

b — Maurice, attaché au secrétariat de l'Etat, mort à Saint-Pétersbourg en 1890.

c — Une fille, N...

d — Une fille mariée à Jean d'Otto, morte à Varsovie.

La veuve de Joseph Hauké, général major : Caroline-Beate-Joséphine Steinkeller et ses enfants furent inscrits le 15 juillet 1850 comme comtes et comtesses dans les livres généalogiques du royaume de Pologne.

Dijon, Imp. Jacquot et Floret.

Alexandre Nicolawitch, pendant la guerre (1828-29), général-major en 1830, il mourut à Saint-Pétersbourg en 1837.

Il reçut comme ses frères la nobilitation polonaise et l'armoirie « *Bosak* », le 4 décembre 1830, il fut avec ses descendants nommé comte du royaume de Pologne. Il avait épousé Caroline-Joséphine Steinkeller, de laquelle il eut :

a — SALOMÉ-MARIE-JOSÉPHINE-AMÉLIE, dame de la Cour impériale russe qui épousa en Italie le duc San Castaldo.

b — ALEXANDRE-FRÉDÉRIC-PIERRE-LOUIS-RODOLPHE, né à Varsovie, Camer-Page Impérial Russe, mort dans sa jeunesse à Saint-Pétersbourg.

c — JOSEPH-LOUIS, *né en 1834 à Varsovie page impérial russe, colonel de l'armée russe. Prit part aux combats de la campagne du Caucase, en 1861, et donna ensuite sa démission. En 1863, il prit part à l'insurrection polonaise comme général commandant, sous le nom de* BOSAK. *Il combattit ensuite comme général divisionnaire français, en 1870-71, contre les Allemands et fut tué, devant Dijon, le 21 janvier 1871.* Il avait épousé Marie Kaczanowska et a eu un fils : JOSEPH-MAURICE, né en Suisse et trois filles : MARIE, EDWIGE et CAROLINE.

III. — Louis HAUKE, fils de Théodore, né en 1780. Référendaire de l'Etat du royaume de Pologne, puis directeur des mines du même royaume, mort à Varsovie en 1851. Reçut, avec ses frères en 1826, la nobilitation polonaise et l'armoirie « *Bosak* ». Marié à N. Waston Priesfield, il eut deux fils :

a — ALEXANDRE, né en 1814, général-major impérial russe, président des Théâtres impériaux à Varsovie, et administrateur du duché de Lowicz, mort en 1868. Marié à Sophie, comtesse Hauké, fille du ministre Maurice. Eut sept enfants.

aa — Un fils... tué, en 1863, dans un combat avec les Russes.

bb — MAURICE, attaché à la Banque polonaise à Varsovie, marié à N. Kowalska.

cc — SIGISMOND, membre de l'arrondissement de Justice en Russie.

dd — LOUISE.

ee — SOPHIE.

ff — ALEXANDRINE.

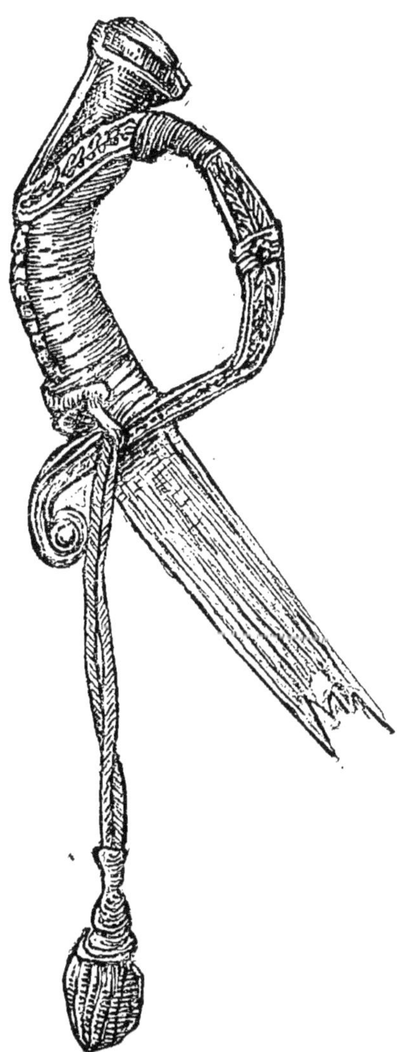

Poignée du SABRE D'HONNEUR, offert par le GRAND DUC MICHEL, à Bosak, Comte de Hauké, Colonel de la Garde Impériale Russe, après sa brillante campagne du Caucase.

(Gravée par M. Bony, de Nuits.)

www.ingramcontent.com/pod-product-compliance
Lightning Source LLC
LaVergne TN
LVHW020447230826
846091LV00004B/1578

* 9 7 8 2 0 1 3 6 0 6 9 5 0 *